BEI GRIN MACHT SICH IHR WISSEN BEZAHLT

- Wir veröffentlichen Ihre Hausarbeit,
  Bachelor- und Masterarbeit

- Ihr eigenes eBook und Buch -
  weltweit in allen wichtigen Shops

- Verdienen Sie an jedem Verkauf

Jetzt bei www.GRIN.com hochladen
und kostenlos publizieren

Fabian Buckow

Stand der Technik von IKT Applikationen zur Messung und Einsparung von Wasser

GRIN Verlag

Bibliografische Information der Deutschen Nationalbibliothek:

Die Deutsche Bibliothek verzeichnet diese Publikation in der Deutschen National-
bibliografie; detaillierte bibliografische Daten sind im Internet über http://dnb.d-
nb.de/ abrufbar.

Impressum:

Copyright © 2014 GRIN Verlag GmbH
Druck und Bindung: Books on Demand GmbH, Norderstedt Germany
ISBN: 978-3-656-61594-1

Dieses Buch bei GRIN:

http://www.grin.com/de/e-book/270282/stand-der-technik-von-ikt-applikationen-
zur-messung-und-einsparung-von

GRIN - Your knowledge has value

Der GRIN Verlag publiziert seit 1998 wissenschaftliche Arbeiten von Studenten, Hochschullehrern und anderen Akademikern als eBook und gedrucktes Buch. Die Verlagswebsite www.grin.com ist die ideale Plattform zur Veröffentlichung von Hausarbeiten, Abschlussarbeiten, wissenschaftlichen Aufsätzen, Dissertationen und Fachbüchern.

Besuchen Sie uns im Internet:

http://www.grin.com/

http://www.facebook.com/grincom

http://www.twitter.com/grin_com

Stand der Technik von IKT Applikationen zur Messung und Einsparung von Wasser

State of the Art of the application of ICT for water metering and conservation

Seminararbeit

Otto-Friedrich-Universität Bamberg
am 15.01.2014

von Fabian Buckow

Studienrichtung: Wirtschaftsinformatik
2. Fachsemester

Inhaltsverzeichnis

Abbildungsverzeichnis

Abkürzungsverzeichnis

App	Applications
GPRS	General Packet Radio Service
IKT	Informations- und Kommunikationstechnologie
KWh	Kilowattstunden
M-Bus	Meter-Bus
Wh	Wattstunden

1. Einleitung

In jüngster Vergangenheit konnte man auf dem Wohnungs- und Immobilienmarkt eine Trendveränderung feststellen. Zuvor hat sich ein Großteil der Familien und Haushalte eine Wohnung bzw. ein Haus zum Leben gemietet. Durch den Trendwechsel neigten die Personen zum Kauf einer Eigentumswohnung oder einem Haus (vgl. Oberlahn 2012).

Ebenfalls ist seit kurzem das Thema Energie und Umwelt verstärkt in der Presse vertreten. Sei es durch den Super-Gau im japanischen Atomkraftwerk Fukushima im Jahr 2011 oder die neuen Produktionsserien von namhaften Automobilherstellern im Bereich der Elektromobilität. Zunehmend mehr Menschen und Firmen beschäftigen sich dadurch mit dem Thema der Energieeinsparung und Umweltfreundlichkeit. Vor allem im privaten Sektor findet man immer häufiger Solarzellen oder Photovoltaikanlagen auf Haus- und Garagendächern.

Dies zeigt, dass sich insbesondere Immobilieneigentümer Gedanken zur Energievorsorge und Umweltfreundlichkeit machen. Im Bereich der Stromerzeugung wurde in den letzten Jahren viel erreicht. Doch Energie wird nicht nur in Form von Strom genutzt. Auch für das, im Haushalt notwendige, Wasser muss ein Energieaufwand betrieben werden. Der Aufwand zur Erhitzung des Wassers, kann bis zu 12 % des Gesamtenergieverbrauchs ausmachen (vgl. Energiesparclub 2013).

Viele Menschen kennen ihren Wasserverbrauch nicht. Sie sehen letztlich nur einen Kostenpunkt auf der jährlichen Nebenkostenabrechnung. Dabei kann es vorkommen, das immense Kosten entstanden sind. Rückwirkend hilft es nicht, sich intensiver mit dem Wasserverbrauch auseinander zu setzen.

Die Wassereinsparung ist bislang ein noch nicht allzu populäres Thema, dennoch gibt es auch heute schon verschiedene Geräte die dabei helfen, den Wasserverbrauch zu senken. Dies können z. B. moderne Wasch- und Spülmaschinen oder auch Toiletten sein. Andernfalls kann auch mittels Solaranlagen, die Erhitzung des Wassers durch Sonnenenergie sparsam betrieben werden (vgl. Energieclub 2013).

Diese Technologien entwickeln sich heute sehr rasch weiter und bieten meist mehr Einsparungspotenzial zu günstigeren Preisen. Doch ein Bereich ist heutzutage sehr schnell, wenn es um Weiterentwicklung geht. Die Informations- und Kommunikationsbranche. Informations- und Kommunikationstechnologien sind in so gut wie allen Bereichen des täglichen Lebens vertreten. Dies geht von Kraftstoffverbrauchsanzeigen in Autos bis hin zu Applikationen, welche via Smartphone z. B. das Licht in der Wohnung an- bzw. ausschalten können.

In der folgenden Arbeit befasst sich der Autor mit einer Literaturrecherche zum Einsatz von solchen Informations- und Kommunikationstechnologien zur Messung und Speicherung von Wasser. Der begrenzte Umfang der Arbeit lässt nur einen Einblick in dieses Themengebiet zu.

2. Definitionen und Begriffsabgrenzungen

Dieser Abschnitt befasst sich mit diversen Definitionen und Begriffsabgrenzungen, um ein solides Grundverständnis der Arbeit vorauszusetzen. Dieses Grundverständnis ist notwendig, um die folgenden Abschnitte aus fachlicher Sicht verfolgen zu können. Ebenso dient dieser Abschnitt als begriffliche Limitierung, um den Fokus der Arbeit einzuschränken.

2.1 Informations- und Kommunikationstechnologie

Im Allgemeinen befasst sich die Informations- und Kommunikationstechnologie (IKT) mit der Verarbeitung von Daten auf inhaltlicher Ebene, sowie Übertragung und Verbreitung von Inhalten (vgl. IT Wissen 2014a).

Die Informationstechnologie befasst sich vor allem mit der Beschaffung, Verarbeitung und der Verbreitung von Informationen (vgl. Döding 2011).

"Die Kommunikationstechnologie umfasst die wissenschaftlichen Grundlagen, Methoden und Prinzipien zum Austausch von Daten und Informationen" (Eig ner 2012, S. 2).

Die beiden Elemente, Informationstechnologie und Kommunikationstechnologie, spielen bei der IKT keine getrennte Rolle. Beide Elemente arbeiten eng mit einander verbunden, um den größtmöglichen Nutzen zu erbringen. Die Zusammenarbeit kann unter Umständen über Hardware- und Softwaregrenzen hinaus gehen (vgl. IT Wissen 2014a).

Im Rahmen dieser Arbeit wird IKT als hardware- oder softwarelastige Applikation, zur Datenerfassung, -verarbeitung, -aufbereitung oder -visualisierung verwendet. Eine solche IKT-Applikation soll Benutzern vereinfacht die Daten ihres Wasserverbrauchs bzw. Energieverbrauchs zur Wasserverwendung oder Wasseraufbereitung darstellen.

2.2 Wassermessung

Die Hydrometrie, griech. für Wassermessung, befasst sich mit der Messung von verschiedenen Größen von Wasser. Typische Messgrößen sind dabei die Wassermenge, Durchflussgeschwindigkeit und Strömungserfassung (vgl. Morgenschweis 2010).

Bei einer Messung wird ein quantitativer Wert der Messgröße ermittelt (vgl. Parthier 2004). Der dabei errechnete Wert kann danach interpretiert und analysiert werden, um eine Zielerreichung zu überprüfen. Eine solche Zielerreichung kann z. B. ein bestimmte Menge Wasser sein, welche über einen definierten Zeitraum verbraucht wurde.

Morgenschweis (2010) verwendet die Definition der Hydrometrie im Rahmen von offenen Gewässern. Dieser Aspekt würde zu tief in das Thema der Arbeit eindringen, daher befasst sich die Arbeit mit der Messung von Wasserverbräuchen und Energieaufwendungen in Haushalten.

Die Wassermessung im Volumenbereich ist eine gängige Messgröße zur Erfassung von Wasserverbräuchen.

2.3   Wassereinsparung

Eine Einsparung kann über zwei Wege erfolgen. Zum einen kann der Verbrauch einfach reduziert werden. Zum anderen können die gegebenen Mittel effizienter genutzt werden (vgl. Resefi 2013).

Die Wassereinsparung ist "die Reduktion" des Verbrauchs von Wasser im Vergleich zu einem "Referenzmodell" (McKenna o.J.). Durch die Reduktion der verwendeten Menge Wasser, sinkt auch der Verbrauch des Wassers. Dadurch findet eine Einsparung statt.

> *"Effizienz ist der Wirkungsgrad der eingesetzten Energie (z.B. Zeit, Arbeitsaufwand oder Geld) im Verhältnis zum erzielten Ergebnis, und zwar in Bezug auf ein vorgegebenes Ziel"* (Zimmermann 2004, S.12).

Angewendet auf den Bereich der Wassereinsparung, kann die genannte Definition der Effizienz auch wie folgt verstanden werden:

Effizienz ist der Wirkungsgrad des verwendeten Wassers zur Erreichung eines bestimmten Zieles.

Im Rahmen der allgemeinen Effizienz findet das ökonomische Prinzip Anwendung. Das ökonomische Prinzip befasst sich mit zwei Modellen. Das Minimal- und das Maximalprinzip. Das Minimalprinzip beschreibt ein bestimmtes Ziel, welches mit minimalem Aufwand zu erreichen ist. Das Maximalprinzip hingegen, schreibt ein definiertes Ausgangsmittel vor, mit welchem der größtmögliche Nutzen erbracht werden soll (vgl. Wildmann 2010, S.9).

Durch die Anwendung des ökonomischen Prinzips kann eine Wassereinsparung in Form von einer effizienteren Nutzung des Wassers, durch den Einsatz geeigneter IKT Applikationen, erreicht werden.

3.   IKT Applikationen zur Wasseranalyse

In diesem Kapitel wird sich mit diversen Applikationen oder Geräten auseinanderge-
setzt, welche sich mit der Analysierung des Wasserverbrauches beschäftigen. Der
Begriff Wasserverbrauchsanalyse ist ein sehr weites Themengebiet, welches nicht
vollständig beschrieben werden kann. Im ersten Kapitel dieser Arbeit wurde bereits
gesagt, dass in dieser Seminararbeit nur Teilaspekte des Themengebietes erläutert
werden.

Die folgenden Applikationen teilen sich in drei Untergruppen, welche nachfolgenden
näher beschrieben werden. Die Untergruppen sind IKT Applikationen für Wassermen-
gen, Wassereinsparungen und Smart Meter. Die nachfolgend vorgestellten Applikationen stellen lediglich eine Auswahl eines größeren Portfolios dar.

3.1   IKT Applikationen für Wassermessungen

Die bislang üblichste Methode zur Verbrauchsmessung von Wasser ist der Wasserzähler. Ein Wasserzähler ist ein einfaches Messgerät, welches das durchgeflossene
Wasservolumen misst (vgl. ISTA o.J.). Ein solcher Wasserzähler kann auf verschiedene Arten funktionieren. Einige dieser Messung erfolgen durch Volumenzähler mit
festen oder beweglichen Messkammertrennwänden, turbinenbasierte Volumenzähler,
Magnetisch-Induktive Verfahren oder per Ultraschall (vgl. Metherm o.J., S.1). Im
Rahmen der nachfolgenden Produktbeschreibungen, werden einzelne Verfahren näher erläutert.

Die eingeschränkte Verfahrensbeschreibung begründet sich in der Tatsache, dass die
vorliegende Arbeit ihren Schwerpunkt in den IKT Applikationen hat. Im weiterem Sinne
kann ein schlichter Wasserzähler auch als IKT Applikation definiert werden, da er Informationen über den Wasserverbrauch sammelt und dem Benutzer kommuniziert. Allerdings befasst sich diese Arbeit mit der neueren Technologie auf diesem Gebiet.

3.1.1 Kamstrup MULTICAL® 21

Der MULTICAL© 21 Wasserzähler der Firma Kamstrup ist ein Wasserzähler, welcher
mittels Ultraschall-Verfahren, den Warm- bzw. Kaltwasserverbrauch misst (vgl. Kamstrup o.J.a).

Abbildung 1 Kamstrup MULTICAL 21 Produktbild (Kamstrup o.J.a)

Die Abbildung 1 zeigt einen Wasserzähler mit digitaler Anzeige. Die Funktionsweise des MULTICAL ®21 basiert auf dem Ultraschallprinzip.

"Die Volumenmessung erfolgt mit bidirektionaler Ultraschalltechnik nach dem Laufzeitdifferenzverfahren, einem langzeitstabilen und genauen Messprinzip. Durch zwei Ultraschallwandler wird das Ultraschallsignal sowohl mit als gegen die Durchflussrichtung gesandt. Das Ultraschallsignal, das mit der Durchfluss richtung läuft, wird erst den jenseitigen Wandler erreichen, und der Zeitunter schied zwischen den beiden Signalen wird auf eine Durchflussgeschwindigkeit und hiernach ein Volumen umgerechnet" (Kamstrup o.J.b, S. 3).

Kampstrup (o.J.b) misst das Volumen des verbrauchten Wassers, indem ein Ultraschallsignal von einem Ultraschallwandler zu einem zweiten Wandler geschickt wird. Das gesendete Signal fließt mit dem Wasser zum zweiten Ultraschallwandler. Aus der sich ergebenden Zeitdifferenz, zwischen absenden und empfangen des Signals, wird das Wasservolumen berechnet, welches verbraucht wurde.

Das System im eigentlichen Sinne zählt mit den genannten Eigenschaften bislang nicht als, unter Kapitel 3.1 definierte, IKT Applikation.

Das MULTICAL®21 verfügt allerdings über eine drahtlose Funkkommunikation. Im System wurde ein Wireless M-Bus verbaut, um Daten via Funk zu versenden (vgl. Kamstrup o.J.b, S. 10).

Der Wireless M-Bus ist eine europäisch technische Norm, welche die kabellose Datenübertragung von Warm- und Kaltwasserzählerständen definiert (vgl. Hoentzsch o.J).

In dieser Norm (EN 13757-4) wird die Sammlung und Verarbeitung der Zählerinformationen definiert, welche danach via Bluetooth, Powerline, GPRS oder das Internet versendet werden (vgl. IT Wissen 2014b).

Die Versendung dieser Informationen erfolgt alle 16 Sekunden. Dadurch kann eine längere Batterielaufzeit, und gleichzeitig eine höhere Umweltfreundlichkeit erzielt werden (vgl. Kamstrup o.J.b, S. 10).

Mit Hilfe einer speziellen Software können die Daten des Wasserzählers ausgelesen und an ein Abrechnungsprogramm gesendet werden (vgl. Kampstrup o.J.c, S. 3).

Erst durch den Einsatz der Wireless M-Bus Technologie kann dieses Produkt als IKT Applikation bezeichnet werden. Durch die elektronische Datenerfassung, -verarbeitung und -weiterleitung/-kommunikation werden alle Anforderungen einer informations- und kommunikationstechnologischen Applikation erfüllt.

3.1.2 NeoVac Einstrahlwasserzähler

Der NeoVac Einstrahlwasserzähler ist ein klassischer Wasserzähler für den Haushalt. Die gemessenen Daten werden per Zählerwerk angezeigt.

Abbildung 2 NeoVac Einstrahlwasserzähler Produktbild (NeoVac 2013a)

Das Einsatzgebiet des Einstrahlwasserzählers ist die Messung von Kalt- und Warmwasserverbräuchen. Die Funktionsweise dieses Zählers basiert auf einem Einstrahltrockenläufer (vgl. NeoVac 2013a).

Ein Einstrahltrockenläufer arbeitet mit einem Flügelrad im Inneren des Gehäuses. Der Wasserstrahl, welcher gemessen werden soll, wird auf der einen Seite des Gehäuses eingeführt und fließt zur gegenüberliegenden Seite wieder raus. Durch den Wasserstrahl, welcher durch das Gehäuse fließt, wird das innere Flügelrad angetrieben. Das Flügelrad treibt durch eine Magnetkupplung mit zwei Magnet an (siehe Abbildung 3). Die Drehung der Magnet treibt das Zählerwerk des Wasserzählers an. Dadurch wird der Wasserverbrauch gemessen (vgl. Metherm o.J. S. 2ff).

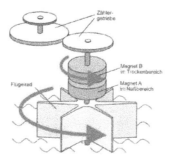

Abbildung 3 Trockenläufer mit Übertragung auf das Zählergetriebe (Metherm o.J. S. 2)

Die Auslesung der verbrauchten Wassermenge kann sowohl händisch als auch per Funkschnittstelle oder via M-Bus erfolgen. In Verbindung mit dem NeoTel Funksystem der NeoVac können die Daten drahtlos an mobile Endgeräte übertragen werden (vgl. NeoVac o.J. S. 2).

Die ausgelesenen Daten werden an eine online Schnittstelle, via GPRS, übergeben, welche die Daten dem Abrechnungscenter zur Verfügung stellt (vgl. NeoVac 2013b).

Auch dieser Wasserzähler stellt eine IKT Applikation im Sinne der unter Kapitel 3.1 beschriebenen Definition dar. Durch Sammlung der Wasserverbrauchsmenge, welche unter anderem via GPRS an das Abrechungssystem gesendet wird, werden alle Kriterien einer Informations- und Kommunikationstechnologischen Applikation erfüllt.

3.1.3 Amphiro a1

Das Amphiro a1 ist im Vergleich zu den bislang vorgestellten Produkten ein sehr spezifisches Produkt.

Das Amphiro a1 ist darauf ausgelegt, den Wasserverbrauch von Duschvorgängen zu messen (vgl. Amphiro 2013a).

Abbildung 4 Amphiro a1 Produktbild (Grünspar 2013)

Auf dem Display des a1 werden verschiedene Informationen dem Benutzer zur Verfügung gestellt. Während der Duschphase zeigt das Gerät den aktuellen Wassergesamtverbrauch dieser Duschphase in Litern an. Im oberen Displaybereich wird die Wassertemperatur angezeigt (siehe Abbildung 4). Alternativ kann auch eine Energieeffizienzklasse angezeigt werden, welche für den bisherigen Energieverbrauch steht. Im unteren Displaybereich befindet sich eine kleine Animation, welche einen Eisbären auf einer Eisscholle zeigt (siehe Abbildung 4). Mit zunehmender Duschdauer wird die Eisscholle unter dem Bären kleiner. Dadurch soll der hohe Energieaufwand von langen Duschzeiten und deren Auswirkung auf die Umwelt verdeutlicht werden (vgl. Amphiro 2013b, S. 1).

Abbildung 5 Funktionsweise Amphiro a1 (Amphiro 2013c)

Die Funktionsweise des a1 basiert auf einem kleinen Generator im Inneren des Gehäuses, welcher durch den Wasserdruck angetrieben wird. Der Wasserdruck versetzt die Turbine des Generators in Bewegung. Der Generator erzeugt mittels der rotierenden Bewegungen der Turbine Strom. Diese Energie wird genutzt um das Display und kleine Sensoren mit Strom zu versorgen. Diese Sensoren messen dann die Wassertemperatur und die Durchflussrate und berechnen daraus die verbrauchte Energie (vgl. Amphiro 2013d).

Nachdem ein Duschvorgang beendet wurde, zeigt das System die Gesamtmenge des verbrauchten Wassers, die aufgewendete Energie in Wh oder KWh, sowie einen systemeigenen Code. In diesem Code befinden sich ebenfalls diese Informationen. Dieser Code ist für das Onlineportal von Amphiro gedacht. In dem Portal können einzelne Duschvorgänge inklusive ihrer Daten per Code eingegeben werden. Dadurch ist ein durchschnittlicher Wasserverbrauch von Duschvorgängen ersichtlich. Des Weiteren ist es möglich die eingegeben Daten mit anderen Haushalten in der Umgebung zu vergleichen. Dazu ist die Eingabe des Wohnortes Voraussetzung. Die Vergleiche beziehen sich nur auf Haushalte, welche den Amphiro a1 nutzen. (vgl. Amphiro 2013b, S.2).

Dieses Produkt misst sowohl den Wasser- als auch den Energieverbrauch von einzelnen Duschvorgängen. Die Informationen werden dem Benutzer über ein leicht verständliches Display angezeigt. Mittels eines speziellen Codes kann der Benutzer seine vergangenen Duschvorgänge in einem Onlineportal einsehen und bekommt Durchschnitts- und Vergleichswerte angezeigt. Alle Anforderungen einer IKT Applikation sind damit geben.

3.2   IKT Applikationen für Wassereinsparungen

Der vorige Abschnitt hat verdeutlicht, mit welchen Applikationen und Methoden der Wasserverbrauch gemessen werden kann. In diesem Abschnitt hingegen soll verdeutlicht werden, dass Wasser mit Hilfe von verschiedenen IKT Applikationen eingespart werden kann. Ziel solcher informations- und kommunikationstechnologischen Applikationen ist es den Verbrauch Wasser zu reduzieren.

Die Reduzierung des Wasserverbrauchs ist ein entscheidender Faktor bei der Umweltfreundlichkeit, denn Trinkwasser ist die wichtigste aller Ressource für den Menschen (vgl. Schmitt 2007, S.14).

Um diese Ressource zu schonen und den Verbrauch zu senken, gibt viele Möglichkeiten. Die Bandbreite reicht von effizienteren Waschmaschinen, bis hin zu Strahlreglern an Wasserhähnen. In dieser Arbeit werden Möglichkeiten beschrieben, wie mit Hilfe von informations- und kommunikationstechnologischen Applikationen den Wasserverbrauch gezielt senken kann, um eine Wassereinsparung zu erreichen.

3.2.1   Interaktiver Trinkwasserverbrauchsrechner

Die Stadtwerke Karlsruhe bieten einen Onlinerechner zur Wasserverbrauchsberechnung an. Mit diesem Rechner können Verhaltensweisen der Benutzer, in Bezug auf den Wasserverbrauch des Haushaltes, in ein Formular eingetragen werden. Dabei stehen dem Benutzer unterschiedliche Kategorien zur Verfügung, um einen verhältnismäßig genauen Überblick über den Wasserverbrauch zu bekommen. Zu vergleichen mit einer genauen Messung des Verbrauches, wie es in Kapitel 3.1 beschrieben wurde, ist das nicht, da die Angaben sich auf die durchschnittliche Benutzung von Wasserverbrauchern bezieht (vgl. Karlsruhe 2014).

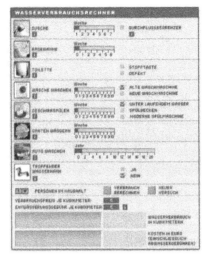

Abbildung 6 Wasserverbrauchsrechner (Karlsruhe 2014)

Der Rechner bietet acht Kategorien zur Auswahl. Sechs der acht Kategorien können in der wöchentlichen bzw. jährlichen Verwendung händisch angepasst werden. In fünf der Kategorien können weitere Einstellungen, wie ein tropfender Wasserhahn oder eine alte bzw. neue Waschmaschine, vorgenommen werden (vgl. Karlsruhe 2014).

Nach der Dateneingaben wird per Knopfdruck die Berechnung ausgeführt. Das Ergebnis wird anschließen in Form eines Balkendiagramms und einer numerischen Zahl im unteren Bereich des Onlinerechners dargestellt (siehe Abbildung 6). Das Ergebnis beläuft sich auf einen jährlichen Gesamtwasserverbauchs des Haushaltes, welcher in Kubikmetern angegeben wird, und die jährlichen Gesamtkosten. Die Gesamtkosten errechnen sich aus der verbrauchten Wassermenge, welche mit einem fest hinterlegten Kostensatz multipliziert werden. Dazu werden die anfallenden Abwasserkosten mit addiert (vgl. Karlsruhe 2014).

Nach der ersten Berechnung können die einzelnen Regler des Wasserverbrauchrechners neu positioniert werden. Bei anschließender Neuberechnung der Daten ist der Verbrauchsunterschied zu erkennen. Anders als in Karlsruhe (2014) beschrieben, werden keine Spartipps nach der Simulationsausführung angezeigt. Die Größe des potentiellen Einsparpotentials wird erst durch die Neupositionierung der verschiedenen Regler ersichtlich.

Eine direkte Wassereinsparung kann der interaktive Trinkwasserverbrauchsrechner der Stadtwerke Karlsruhe nicht hervorbringen. Aber eine indirekte Wassereinsparung wäre möglich, wenn sich die Benutzer ihren eigenen Verbrauch ausrechnen und sich das Ziel stecken, in Zukunft weniger Wasser zu verbrauchen. Sei es durch eine neue, sparsamere Waschmaschine oder die Gartenbewässerung mittels Regenwasser statt Trinkwasser aus dem Hahn.

3.2.2 Wassersparrechner R. C. Mannesmann

Der Wassersparrechner ist ein Service der R. C. Mannesmann GmbH. Bei diesem Onlinerechner können Benutzer ihr Verhalten bzgl. des Wasserverbrauches in Badezimmern berechnen und optimieren lassen. Die Berechnung beschränkt sich dabei nur auf den Einsatz von Waschbecken und Duschen. Eine Berücksichtigung der Toilette oder eine Badewanne findet dabei nicht statt (vgl. Mannesmann 2014).

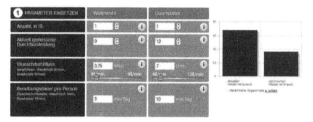

Abbildung 7 Wassersparrechner Eingabemaske (Mannesmann 2014)

In der Eingabemaske wird der Benutzer aufgefordert, die Anzahl seiner Duschen und Waschbecken im Haushalt anzugeben (siehe Abbildung 7). Dazugehörig müssen die Durchflussraten der einzelnen Objekte in Liter/Minute eingetragen werden. Zusätzlich kommt die tägliche Benutzungsdauer pro Tag hinzu. Der Rechner bietet von Beginn an die Option, eine Wunschdurchflussrate der Duschen bzw. Waschbecken mit anzugeben. Auf der rechten Seite wird in einem Balkendiagramm das Verhältnis zwischen aktuellem Wasserverbrauch und optimiertem Wunschverbrauch angezeigt. Die Daten basieren auf den getätigten Eingaben (vgl. Mannesmann 2014).

Des Weiteren lassen sich weitere Attribute in die Maske eintragen. Dazu gehören unter anderem die Personenanzahl des Haushaltes, die Wasser- und Abwasserpreise pro Kubikmeter sowie der verwendete Energieträger. Dadurch kann eine detailliertere Berechnung erfolgen (vgl. Mannesmann 2014).

Abbildung 8 Wassersparrechner Ergebnismaske (Mannesmann 2014)

Im letzen Abschnitt des Onlinerechners werden die berechneten Ergebnisse angezeigt. Die Anzeige beläuft sich auf den aktuellen Gesamtwasserverbrauch, welcher in
Kubikmeter pro Jahr angezeigt wird, den Zielwasserverbrauch, welcher in gleicher
Weise angezeigt wird und das sich daraus ergebende Sparpotenzial von Wasser pro
Jahr. Ebenfalls wird die Menge des Einsparpotenzials in einen Eurobetrag umgerechnet und auch die potenzielle CO_2-Ersparnis wird angezeigt. Abschließend findet sich
in der Ergebnistabelle die Amortisationszeit in Monaten, welche sich allerdings nur auf
die firmeneigenen Produkte bezieht. Diese Produkte, welche den Wasserverbrauch
reduzieren sollen, werden Wassereinspartipps unter der Ergebnisliste angezeigt (vgl.
Mannesmann 2014).

Mit Hilfe dieses Onlinerechners können Benutzer ihren Wasserverbrauch berechnen
lassen, welcher in Badezimmern anfällt und einen Wunschverbrauch angeben, welchen sie künftig erreichen möchten. Der Onlinerechner stellt dann firmenspezifische
Produkte vor, mit denen der Wunschverbrauch erreicht werden soll.

In dieser IKT Applikation werden auf Basis des eingetragenen Verhalten, spezifische
Wassereinsparungstipps geliefert, mit denen künftig der Wasserverbrauch reduziert
werden soll.

3.2.3 Tristit Applikation für Mobile Android Geräte
Eine Vielzahl unterschiedlicher Smartphone Apps sind auf dem Markt vorhanden. Viele dienen einzig und allein dem Unterhaltungszweck aber andere können sich als sehr
praktisch oder nützlich erweisen. Unter solchen nützlichen Apps finden sich diverse
Wasserverbrauchszähler, wie sie in Kapitel 3.2.1 und 3.2.2 als Onlineversion beschrieben worden sind.

Die App der Firma Tristit geht gezielt auf übliche Benutzerverhaltensweisen ein und
bietet Vorschläge zu einem Verhalten, welches zur Wassereinsparung führen kann.

Abbildung 9 Tristit Android App (Tristit 2014)

In der App werden 100 Wege aufgelistet, welche Hilfestellungen enthalten, ein spar-
sameres Wasserverbrauchsverhalten zu entwickeln. Die darin beschriebenen Tipps
leiten sich aus alltäglichen Situationen, wie der Abwasch von dreckigem Geschirr, ab
(siehe Abbildung 9). Ein mögliches Einsparpotenzial kann die App nicht zur Verfügung

stellen, da die Informationen generell gehalten sind und sich nicht durch mögliche Eingabeparameter verändern lassen. Eine genaue Berechnung von Wasserverbrauchswerten wird ebenfalls nicht angeboten. Der Benutzer kann nur versuchen sich an den genannten Tipps zu orientieren, um einen Wasserspareffekt zu erzielen.

Die Nutzung dieser App kann, wie bei den vorherigen Applikationen, keinen direkten Wassereinsparungseffekt erzielen. Ein indirekter Einsparungseffekt kann ausschließlich durch die Befolgung der Tipps erreicht werden.

4. Zusammenfassung und Ausblick

In der vorangegangen Arbeit wurden verschiedene Optionen beschrieben, wie man den Wasserverbrauch messen und reduzieren kann. Die Beschreibung der möglichen Optionen wurde an drei verschiedenen Produkten je Kategorie vorgenommen. Dadurch sollten die einzelnen Funktionsweisen der verschiedenen Optionen verdeutlicht werden.

In der ersten Kategorie, die Wasserverbrauchsmesser, wurden drei Produktbeispiele beschrieben. Zum Ersten wurde der Wasserzähler MULTICAL®21 von Kamstrup analysiert. Dieses Produkt ist ein einfacher elektronischer Wasserzähler, welcher mittels Ultraschall die Wasserdurchflussrate bestimmt und daraus den Wasserverbrauch berechnet. Die gesammelten Daten kann der Zähler via Funk oder M-Bus an das zugehörige Abrechnungsprogramm senden. Mit diesem Produkt ist Benutzer in der Lage seinen aktuellen Wasserverbrauch zu kontrollieren.

Die zweite Applikation der ersten Kategorie ist der Einstrahlwasserzähler der Firma NeoVac. Der mechanisch-magnetische Wasserzähler misst den Wasserverbrauch über ein sich bewegendes Flügelrad. Mittels Funk, M-Bus oder GPRS ist dieser Zähler in der Lage, die Verbrauchsinformation an mobile Endgeräte zu übertragen.

Die letzte IKT Applikation der Wasserzähler ist der Amphiro a1. Diese Applikation dient zur Messung des Wasserverbrauches in der Dusche. Über ein kleines Display werden dem Benutzer Informationen, wie Wasserverbrauch, Wassertemperatur und Energieaufwand angezeigt. Mit Hilfe eines vom System generierten Codes können die Daten in ein Onlineportal eingetragen werden, welches hilft, den Wasserverbrauch über längere Zeiträume im Blick zu behalten.

Die zweite Kategorie befasste sich mit Applikationen zur Wassereinsparung. Das erste Produktbeispiel dieser Kategorie war ein Onlineverbrauchsrechner der Stadtwerke Karlsruhe. Der Rechner bietet eine kleine Eingabemaske, über die der Benutzer verschiedene Angaben zu seinem Haushalt und Wasserverbrauchsgewohnheiten einpflegen kann. Auf Basis dieser Angaben berechnet der Rechner den Wasserverbrauch des Haushaltes. Dem Benutzer stehen diverse Regler zur Verfügung, um seine Angaben zu korrigieren oder ein mögliches Einsparpotenzial zu erkennen. Mit Hilfe dieses Rechners kann der Nutzer nur sehen, was eine mögliche Verbrauchsverhaltensänderung bewirken kann, aber nicht wie diese erreicht wird.

Anschließend wurde ein zweiter Onlinerechner der Firma R. C. Mannesmann vorgestellt. Auch bei diesem Produkt ist der Nutzer in der Lage sein Verhalten zu messen. Dieser Rechner ist spezialisiert auf das Verhalten in Badezimmern. Der Benutzer wird gefragt, wie weit er seinen Wasserverbrauch optimieren möchte. Nach der vollständigen Ausfüllung aller Felder wird der aktuelle Wasserverbrauch angezeigt. Des Weiteren schlägt der Rechner verschiedene Sanitärprodukte vor, mit welchem der Nutzer seinen angegeben Wunschverbrauch erreichen kann.

Die letzte vorgestellte IKT Applikation ist die Android App des Unternehmens Tristit. Diese App gibt dem Benutzer einige Vorschläge, wie er sich in alltäglichen Situationen verhalten kann, um eine geringe Menge Wasser zu verbrauchen.

Die meisten der vorgestellten Applikationen stellen lediglich ein Hilfsmittel zur Wassermessung bzw. Wassereinsparung dar. Der Sinn dieser IKT Applikationen ist es, das Gespür für einen sensibleren Gebrauch von Wasser zu wecken und die Veränderungen messen und kontrollieren zu können. Dazu bieten die genannten Applikationen die technischen Voraussetzungen, um dem Benutzer schnell einen Überblick über seinen Wasserverbrauch zu bekommen.

Die Applikationen sind allerdings nur ein kleiner Aspekt in der Wassermessung und -einsparung. In Zukunft könnte die Entwicklung in Richtung intelligente Wasserwiederverwendung gehen, um eine Ressourcenschonung zu erreichen. Ein interessantes Beispiel wäre die Wiederverwendung von Abwasser des Geschirrspülers oder der Waschmaschine zur Spülung der Toilette. Mit Hilfe von IKT Applikationen könnten die Wasserbedarfe im Haushalt just in time erfasst und eine Umleitung des Abwassers zu einem anderen Wasserverbraucher eingeleitet werden.

Literaturverzeichnis

Amphiro (2013a): "Verbrauchsanzeige für die Dusche - Amphiro a1", http://amphiro.com/wp-content/uploads/2013/04/amphiro_a1_flyer_DE.pdf (Aufgerufen am 12.01.2014).

Amphiro (2013b): "Gebrauchsanleitung Amphiro a1", http://amphiro.com/wp-content/uploads/2013/04/2013_08_27_manual_DE_APHH71065-00102_V2.pdf (Aufgerufen am 12.01.2014).

Amphiro (2013c): "Keine Batterie - Energie aus dem Wasserfluss", http://amphiro.com/de/ (Aufgerufen am 12.01.2014).

Amphiro (2013d): "Technologie", http://amphiro.com/de/technology/ (Aufgerufen am 12.01.2014).

Döding, Lisa (2011): "Information und Kommunikation in internationalen Projektteams", Diplomica Verlag GmbH, Hamburg.

Eigner, Martin (2012): "Informationstechnologie für Ingenieure", Springer-Verlag, Berlin Heidelberg.

Energiesparclub (2013): "Warmwasser: Das doppelte Sparpotenzial", http://www.energiesparclub.de/themenspezial/sparpotenzial-wasser/warmwasser-das-doppelte-sparpotenzial/ (Aufgerufen am 10.01.2014).

Grünspar (2013): "Amphiro A1 Wasserverbrauchs-Anzeige", http://www.gruenspar.de/amphiro-a1-energieeffizientes-duschen.html (Aufgerufen am 12.01.2014).

Hoentzsch, Christoph (o.J.): "Ein kurzer Überblick über den M-Bus", http://www.m-bus.com/info/mbus.php (Aufgerufen am 12.01.2014).

ISTA (o.J.): "Wasserzähler", http://www.ista.de/de/produkte/wasserzaehler/ (Aufgerufen am 11.01.2014).

IT Wissen (2014a): "ICT (Information and communications technology)", http://www.itwissen.info/definition/lexikon/ICT-Informations-und-Kommunikationstechnik-IuK-information-and-communication-technology.html (Aufgerufen am 10.01.2014).

IT Wissen (2014b): "Wireless-M-Bus", http://www.itwissen.info/definition/lexikon/Wireless-M-Bus-wireless-M-bus.html (Aufgerufen am 12.01.2014).

Kamstrup (o.J.a): "MULTICAL 21", http://kamstrup.de/16863/MULTICAL-21 (Aufgerufen am 11.01.2014).

Kamstrup (o.J.b): "MULTICAL 21 Datenblatt", http://kamstrup.de/media/16708/file.pdf (Aufgerufen am 11.01.2014).

Kamstrup (o.J.c): "MULTICAL 21 Verbrauchsmessung von kaltem und warmem Wasser für Haushalte, Etagenhäuser und Gewerbe", http://kamstrup.de/media/22028/file.pdf (Aufgerufen am 12.01.2014).

Karlsruhe, Stadtwerke (2014): "Interaktiver Trinkwasserverbrauchsrechner", http://www.stadtwerke-karlsruhe.de/swka-de/inhalte/service/sparrechner/trinkwasser_rechner.php (Aufgerufen am 12.01.2014).

Mannesmann, R. C. (2014): "Wassersparrechner", http://www.rcmannesmann.eu/Wasserrechner (Aufgerufen am 12.01.2014).

McKenna, Russel (o.J.): "Energieeinsparung", http://wirtschaftslexikon.gabler.de/Archiv/131686/energieeinsparung-v6.html (Aufgerufen am 10.01.2014).

Metherm (o.J.): "Funktion von Wasserzählern", http://www.metherm.de/user/links_files/funktion-von-wasserzaehlern.pdf (Aufgerufen am 11.01.2014).

Morgenschweis, Gerd (2010): "Hydrometrie - Theorie und Praxis der Durchflussmessung in offenen Gerinnen", Springer-Verlag, Berlin Heidelberg.

NeoVac **(2013a):** "NeoVac Einstrahlwasserzähler", http://www.neovac.ch/de/ProductDetails.aspx?prdtName=Einstrahlwasserzaehler&path=Neovac.ch/Content/Waerme_Wassermesssysteme/Wassermesssysteme/Einstrahl wasserzaehler (Aufgerufen am 12.01.2014).

NeoVac **(2013b):** "NeoOnline", http://www.neovac.ch/de/ProductDetails.aspx?prdtName=NeoOnline&path=Neovac.ch %2fContent%2fWaerme_Wassermesssysteme%2fKommunikationssysteme%2fNeoO nline&ctgyName=Kommunikationssysteme (Aufgerufen am 12.01.2014).

NeoVac (o.J.): "Einstrahlwasserzähler von NeoVac - Wasser messen leicht gemacht", http://www.neovac.ch/GetAttachment.axd?attaName=5e075132-2e5d-4457-9821-6ef390ee9bbd (Aufgerufen am 12.01.2014).

Oberlahn **(2012):** "Trend zum Eigentum in Ballungsräumen", http://www.oberlahn.de/29-Nachrichten/nld,168182,Trend-zum-Eigentum-im-Ballungsraum.html (Aufgerufen am 10.01.2014).

Parthier, Rainer (2004): "Messtechnik - Grundlagen für alle technischen Fachrichtungen und Wirtschaftsingenieure", Friedr. Vieweg & Sohn Verlag, Wiesbaden.

RESEFI **(2013):** "Energieeinsparung", http://www.resefi.de/wissen/beitrag/energieeinsparung (Aufgerufen am 10.01.2014).

Schmitt, Hartmut (2007): "Trinkwasser für Europa - Das Wichtigste im deutschen Sprachraum", Books on Demand GmbH, Norderstedt.

Tristit **(2014):** "100 Ways to Save Water", http://store.tristit.com/appdetail/3049/100_Ways_to_Save_Water/screenshots (Aufgerufen am 13.01.2014).

Wildmann, Lothar (2010): "Einführung in die Volkswirtschaftslehre, Mikroökonomie und Wettbewerbspolitik - Module der Volkswirtschaftslehre Band 1", 2. Auflage, Oldenbourg Wissenschaftsverlag GmbH, München.

Zimmermann, Walter (2004): "Erfolg durch Effizienz", GABAL Verlag, Offenbach.

www.ingramcontent.com/pod-product-compliance
Lightning Source LLC
La Vergne TN
LVHW042316060326
832902LV00009B/1529